FSC www.fsc.org
MIX
Papier aus verantwortungsvollen Quellen
FSC® C013123

5 4 3 2 1 20 19 18 17 16
978-3-88117-116-8

Cover und Layout: Nieschlag + Wentrup, Münster
Text und Rezepte: Agnes Prus
Illustrationen: Kristina Ballerstaedt, Nieschlag + Wentrup
Redaktion: Lisa Frischemeier
Satz: Tina Agard Grafik & Buchdesign, Stuttgart



www.hoelker-verlag.de

# Inhalt

# An apple a day ...

Er sieht hübsch aus, ist herrlich knackig, saftig und auch noch gesund – frisch gepflückt und an der Hose blank gerieben, bietet sich der Apfel pausbackig und fröhlich-leuchtend als Erfrischung an. Und das Beste ist: Man bekommt ihn selbst im kleinsten Lebensmittelladen. Der Apfel macht es uns wirklich einfach und ist mit Fug und Recht die unangefochtene Nummer 1 in unserem Obstkorb.

Groß und Klein mögen ihn gern roh als unkomplizierten Imbiss: Sein Duft macht glücklich, und er stillt sowohl Hunger als auch Durst. Hinzu kommt, dass seinem Einsatz in der Küche kaum Grenzen gesetzt sind. In Salaten oder Suppen verleiht er erdigen Partnern wie Roter Bete oder Sellerie eine frische Note. Sein spritziger Charakter verbindet sich reizvoll mit Reis, Nudeln, Kartoffeln oder auch Kohl. Viele Geflügel- und Fleischgerichte, wie die reichhaltige Weihnachtsgans oder ein schlichtes Wiener Schnitzel, profitieren von seinem süßsauren Charakter. Und Fisch, der von jeher gut mit säuerlichen Begleitern auskommt, macht auch beim Apfel keine Ausnahme.

Die aromatische Fruchtigkeit des Apfels hat auch schon vielen Süßspeisen und Backwerken zum Klassikerstatus verholfen. Beim Apfelmus angefangen, weiter über den Bratapfel bis hin zur hauchdünnen Apfeltarte. Und was wäre Hessen ohne Äppelwoi, die Normandie ohne Calvados und ein Kindergeburtstag ohne Apfelschorle? Dank dieser vielseitigen Verwendungsmöglichkeiten kommt es, dass der Durchschnittsdeutsche zusammengerechnet jedes Jahr um die 30 kg Äpfel verzehrt!

## Herkunft, Anbau und innere Werte

Die Geschichte des Apfels beginnt spätestens mit den Erzählungen von Adam und Eva. Damals hat die Frucht allerdings höchstens verführerisch ausgesehen, sein Geschmack war wohl eher enttäuschend (und die Geschichte ging nach dem Biss auch nicht besonders erquicklich weiter...). Es muss sich um einen Wildapfel gehandelt haben, den herben Vorfahren unseres heutigen kultivierten Apfels. Im Laufe der Menschheitsgeschichte und durch zahlreiche Kreuzungen hat das Früchtchen jedoch eine steile Karriere hingelegt.

Der Apfel gehört zur Familie der Rosengewächse und zählt zum Kernobst. Die Anfänge des uns heute bekannten Kulturapfels liegen wohl in der Kreuzung des Asiatischen Wildapfels mit dem Kaukasusapfel oder dem Kirschapfel. Vermutlich brachten die Syrer vor 5000 Jahren den 2,5 cm großen Zwerg- und Holzapfel nach Ägypten, von wo er durch Kriege und Feldzüge bis nach Europa gelangte. Von den Griechen und Römern immer weiter veredelt, kannte man bereits im Jahr 150 v. Chr. sieben verschiedene Apfelsorten. Inzwischen gibt es weltweit rund 20.000, davon allein um die 3000 in Europa. Aber nur etwa 100 Sorten werden kommerziell angebaut, und davon landen gerade einmal kümmerliche 10 – 30 im Handel. Dieses dramatische Aussortieren begründet sich in geringerem Pflegeaufwand, höherer Widerstandskraft gegenüber Schädlingen, besserer Lager- und Transportfähigkeit und höheren Erträgen standardisierter Sorten wie Braeburn, Granny Smith oder Golden Delicious. Sie wachsen meist unter künstlichen Bedingungen in riesigen Gewächshäusern und sind durch industrielle Lagerungsmethoden das ganze Jahr über verfügbar. Leider sind konventionell angebaute Äpfel, besonders aus dem Ausland, häufig stark pestizidbelastet. Die Binsenweisheit »An apple a day keeps the doctor away« wird dadurch sehr schnell relativiert. Um nur ein Beispiel zu nennen: 1 kg Äpfel kann bis zu 600 mcg hormonell wirksamer Chemikalien enthalten – in einer Antibabypille kommen maximal 200 mcg solcher Stoffe vor. Soweit die schlechten Nachrichten.

Aber es gibt auch viele gute Gründe, die für unser Lieblingsobst sprechen. Glücklicherweise bemühen sich mittlerweile Apfelwissenschaftler, Züchter und immer mehr Obstbauern, besonders in der ökologischen Landwirtschaft, um die Kultivierung alter, seltener und fast vergessener Sorten. Es lohnt sich, auf Wochenmärkten oder in Hofläden danach Ausschau zu halten und sich an der Aromenvielfalt erntefrischer, aus der Region stammender Äpfel zu erfreuen. Innerhalb der Saison wird auch Bioware zu günstigen Preisen angeboten.

Es empfiehlt sich generell, unbehandeltes Obst zu verwenden, insbesondere für Rezepte, in denen die Äpfel ungeschält verarbeitet werden. Wer mag, kann auch bei Bauern anfragen, ob sie über Streuobstwiesen verfügen, auf denen man gegen ein entsprechendes Entgelt unbelastete Äpfel pflücken kann. Man sollte die Früchte in diesem Fall 1 – 2 Tage zu Hause nachreifen lassen. Dann steht dem gesunden Genuss nichts mehr im Weg: Äpfel stecken voller lebenswichtiger Vitamine, darunter Vitamin C, B1, B2 und K, Mineralstoffe und sekundärer Pflanzenstoffe. Durch ihren hohen Gehalt an Ballaststoffen fördern sie die Verdauung, sie wirken blutreinigend, können den Blutzuckerwert regulieren und den Cholesterinwert senken. Auf der Glasreibe gerieben beruhigen sie einen überreizten Darm, in Honig gebraten sollen sie bei Heiserkeit helfen. Man sagt, ein Apfel am Abend sei wirksam gegen Schlafstörungen während der morgendliche Genuss beim Wachwerden hilft. Beinahe alle wichtigen Nährstoffe liegen direkt unter der Schale, daher Äpfel nach Möglichkeit ungeschält verzehren!

## Einkauf und Lagerung

Beim Einkauf sollte man darauf achten, dass der Apfel prall und seine Haut glatt und dellenfrei ist. Die Farbe ist kein Indikator für das Reifestadium, manche Sorten bleiben auch im vollreifen Zustand grasgrün. Ist sein Blütenansatz eingesunken, wurde der Apfel reif geerntet. Der Stiel sollte nicht entfernt werden, weil der Apfel sonst zur Fäulnis neigt. Und wenn er schön nach Apfel duftet, schmeckt er auch danach.

Am besten halten sich Äpfel bei niedriger Temperatur (ca. 4 °C) und hoher Luftfeuchtigkeit, z. B. im Keller. Die kühle, dunkle Umgebung lässt sie langsamer nachreifen, und durch die Feuchtigkeit bleiben sie länger knackig. Sie sollten einander nicht berühren und fühlen sich in großzügigen Holzlagerkisten besonders wohl. Verdorbene Früchte müssen sofort aussortiert werden, da sie sozusagen ansteckend sind.

Bei Zimmertemperatur halten sie sich etwa 10 Tage. Sie sollten getrennt von anderen Obstsorten aufbewahrt werden, denn sie geben ein Gas ab, das deren Reifung beschleunigt (man kann sich das aber auch zunutze machen, indem man z. B. eine zu harte Avocado zu ihnen gesellt). Rohe Äpfel sind nicht zum Einfrieren geeignet, wohl aber gegarte Produkte wie Apfelmus oder Kompott.

## Apfelsorten-ABC

Bei Äpfeln wird je nach Erntezeit grob zwischen Sommer-, Herbst- und Wintersorten unterschieden. Sommeräpfel reifen ab Juli und sind häufig nur kurz lagerfähig. Sie sollten möglichst schnell verarbeitet und verzehrt werden. Apfelsorten, die im September und Oktober geerntet werden, eignen sich sowohl zum sofortigen Verzehr als auch zur Lagerung. Winteräpfel wie Boskop oder Cox Orange brauchen eine gewisse Lagerzeit, um ihre Genussreife zu erlangen.

**Alkmene:** Das Fruchtfleisch des deutschen Septemberapfels ist knackig und von säuerlichem Aroma. Er erinnert an die Vatersorte Cox Orange.

**Berlepsch:** Weil er besonders widerstandsfähig ist, muss er nicht gespritzt werden. Das macht ihn zum beliebten Bio-Apfel. Er enthält sehr viel Vitamin C und wird am besten roh gegessen. Geerntet wird im September und Oktober.

**Boskop:** Der große Apfel mit der rauen Schale wurde 1650 in den Niederlanden entdeckt. Er schmeckt fruchtig-säuerlich und eignet sich hervorragend zum Kochen, Braten, Backen oder für Konfitüren.

**Braeburn:** Der ursprünglich aus Neuseeland stammende Sommerapfel hat festes, saftiges, süßliches Fruchtfleisch. Er schmeckt roh, eignet sich aber auch gut für Kompott.

**Cox Orange:** Der weit verbreitete Tafelapfel schmeckt mild-süßlich und wird gerne von Kindern gegessen. Durch seinen relativ geringen Allergengehalt ist er für viele Apfelallergiker genießbar.

**Elstar:** Der fein-säuerliche Herbstapfel aus den Niederlanden eignet sich als Rohkost, zur Saftgewinnung und zum Backen.

**Gloster:** Der milde, saftige Weihnachtsapfel enthält wenig Säure. Er eignet sich zum Backen und Kochen, ist aber auch ein guter Tafelapfel und lässt sich hervorragend lagern. Im Großhandel ist er selten anzutreffen, eher in Bioläden.

**Golden Delicious:** Der säuerlich-saftige Winterapfel hat festes weißes Fleisch und eignet sich zum Kochen (z. B. für Risotto), weil er auch unter Hitze gut die Form behält. Leider ist er häufig pestizidbelastet.

**Goldparmäne:** Der Winterapfel galt Jahrhunderte lang als einer der besten Tafeläpfel, vor allem in Frankreich. Er schmeckt sehr aromatisch, süß-nussig und enthält besonders viel Vitamin C. Man kann ihn gut roh essen, aber auch dörren, entsaften oder backen.

**Granny Smith:** Der leuchtend grüne Apfel wird im Dezember und Januar geerntet und hat festes, säuerliches, saftiges Fruchtfleisch. Chutneys gelingen gut mit ihm.

**Gravensteiner:** Der hoch aromatische, lecker duftende Sommerapfel eignet sich zum rohen Verzehr, zum Backen und Kochen.

**Holsteiner Cox:** Eine alte Apfelsorte mit aromatisch-würzigem Fruchtfleisch.

**Jonagold:** Der süße Winterapfel stammt aus einem New Yorker Garten und ist eine Kreuzung aus Jonathan und Golden Delicious. Er schmeckt am besten roh, eignet sich aber auch zum Kochen und Backen.

**Jonathan:** Der fein-säuerliche Winterapfel hat aromatisches, saftiges Fruchtfleisch. Ein guter Tafel- und Kochapfel.

**Pinova:** Der Dresdner Tafelapfel reift im Oktober und hat knackiges, süßsäuerliches Fruchtfleisch.

**Rubinette:** Der Herbstapfel ist aromatisch und saftig, schmeckt als Tafelapfel, eignet sich aber auch zum Entsaften, Kochen und Backen.

**Topaz:** Der angenehm säuerliche Apfel stammt von »alten Eltern« ab und ist daher recht robust und ein guter Bio-Apfel. Er eignet sich zur Saftgewinnung.

**Weißer Klarapfel:** Die alte Tafelobstsorte stammt aus Lettland und reift außergewöhnlich früh, zwischen Juli und August. Ihre Äpfel werden schnell mehlig, daher sollten sie bald nach der Ernte verzehrt werden. Eignen sich gut für Apfelstrudel.

# Rezepte

# Herbstobst-Chutney

FÜR 2–3 GLÄSER À 400 ML

400 g Äpfel, geschält, entkernt und fein gewürfelt
150 g Birnen, geschält, entkernt und fein gewürfelt
1 Quitte, geschält, entkernt und fein gewürfelt
Abrieb und Saft von ½ Bio-Zitrone
500 ml Apfelessig
1 Zwiebel, fein gehackt
2 Knoblauchzehen, fein gehackt
1 EL Salz
1 Stück Ingwer (4 cm), gerieben
½ rote Chilischote, fein gehackt
1 EL Senfkörner
½ TL Cayennepfeffer
½ TL gemahlener Zimt
100 g Vollrohrzucker
100 g Rosinen
100 g Walnusskerne, grob gehackt

Äpfel, Birnen und Quitte in eine Schüssel geben und mit dem Zitronensaft mischen. In einem großen Topf Essig, Zitronenabrieb, Zwiebel, Knoblauch, Salz, Ingwer, Chili und Gewürze vermischen, mit 250 ml Wasser übergießen und zum Kochen bringen. Bei geringer Hitze 15 Min. köcheln lassen, bis die Zwiebeln glasig sind. Obst und Zucker unterrühren, erneut aufkochen.

Die Temperatur reduzieren und alles ca. 1 Std. köcheln lassen. Dabei gelegentlich umrühren und evtl. Wasser nachgießen. Wenn das Chutney etwas eingedickt ist, Rosinen und Walnüsse unterrühren und weitere 15 Min. kochen. In sterilisierte Gläser füllen und fest verschließen.

## TIPP

Das Chutney ist sehr vielseitig:
Es passt gut zu Käse, Geflügel, gegrillten Gambas, Schweinebraten, gebackenem Wurzelgemüse oder Linsensalat.

# Apfel-Rucola-Salat
## mit Camembert-Cidre-Dressing

FÜR 4 PORTIONEN

**Für den Salat**

2 säuerliche Äpfel (z. B. Cox Orange), geviertelt, entkernt und in dünnen Scheiben
4 EL Cidre
2 Romanasalatherzen, die Blätter zerpflückt
50 g Rucola
2 EL Kürbiskerne

**Für das Dressing**

400 g reifer Camembert, entrindet und grob gewürfelt
3 EL Crème fraîche
frisch gemahlener schwarzer Pfeffer

**Für die Croûtons**

2 EL Olivenöl
2 Knoblauchzehen, gepresst
1 Prise Salz
100 g Weißbrot, fein gewürfelt

Den Backofen auf 180 °C vorheizen. Für die Croûtons Öl, Knoblauch und Salz in einer Schüssel vermischen. Das Brot zugeben und alles gründlich vermengen. Auf einem Backblech verteilen und in 10 Min. goldbraun backen. Abkühlen lassen.

Für den Salat die Äpfel in einer Schüssel mit dem Cidre vermischen und kurz ziehen lassen. Abtropfen lassen, dabei den Cidre für das Dressing auffangen. Romanasalat und Rucola in eine Salatschüssel geben oder auf kleine Schälchen verteilen. Die Apfelscheiben darauf anrichten.

Für das Dressing Käse, Crème fraîche und 2 – 3 EL Cidre in einen Topf geben. Bei schwacher Hitze unter Rühren ca. 4 Min. schmelzen, bis der Camembert in Fäden vom Löffel läuft (nicht überhitzen!). Mit Pfeffer würzen.

Das Dressing über den Salat gießen. Mit Croûtons und Kürbiskernen bestreut servieren.

# Apfel-Chicorée-Salat
## mit Ziegenkäse

FÜR 4 PORTIONEN

½ Stange Rhabarber
3 Äpfel, entkernt und in Spalten
2 Stauden Chicorée, in Streifen
2 kleine Rote Beten, geviertelt und in dünnen Scheiben
2 Birnen, entkernt und in Spalten
einige Stängel Petersilie, Blättchen fein gehackt
150 g Ziegenfrischkäse
3 EL gemischte Kerne und Samen (z. B. Sonnenblumen-, Kürbis-, oder Pinienkerne, Mohnsamen oder Sesam)

**Für das Dressing**
3 TL Sherryessig
2 TL Apfelessig
2 TL Granatapfelsirup
1½ EL Ahornsirup
5 EL Olivenöl
1 Prise Piment
Salz
frisch gemahlener schwarzer Pfeffer
1 rote Zwiebel, in Ringen

Für das Dressing alle Zutaten gründlich mischen.

Für den Salat den Rhabarber ggf. schälen und die Stange mit einem Sparschäler in dünne Streifen schneiden. Mit Äpfeln, Chicorée, Roten Beten, Birnen und Petersilie in einer Salatschüssel vermengen. Das Dressing über den Salat gießen und alles gut durchmischen. Mit Salz und Pfeffer abschmecken. Auf Teller verteilen, den Ziegenkäse darüberbröseln und mit Kernen bestreut servieren.

## TIPP

Die Rote Bete kann roh verwendet oder in Alufolie gewickelt bei 220 °C ca. 1 Std. im Ofen gebacken werden. Als sättigende Zugabe eignet sich Quinoa sehr gut: Dafür 120 g Quinoa nach Packungsanweisung bissfest garen, abkühlen lassen und vor dem Garnieren unter den Salat heben.

# Sellerie-Apfel-Suppe
## mit Salbei

FÜR 4–6 PORTIONEN

2 EL + 100 g Butter
1 EL Olivenöl
1 Lauchstange, in Ringen
1 Knollensellerie, grob gewürfelt
4 säuerliche Äpfel, geschält, entkernt und grob gewürfelt
400 g mehligkochende Kartoffeln, gewürfelt
3 Stängel Thymian, Blättchen abgezupft
1–1,5 l Gemüsebrühe
Salz
frisch gemahlener schwarzer Pfeffer
3 EL Haselnussmus
12 Salbeiblätter
55 g Haselnusskerne, geröstet und grob gehackt

In einem großen Topf 2 EL Butter und Olivenöl erhitzen und den Lauch darin kurz anbraten. 1 EL Wasser zugeben und den Lauch abgedeckt bei niedriger Hitze in 10 Min. garen. Sellerie zugeben und unter Rühren goldbraun anbraten. Äpfel, Kartoffeln und Thymian untermengen. Die Brühe zugießen und alles mit Salz und Pfeffer würzen. Bei niedriger Temperatur ca. 30 Min. köcheln lassen, bis das Gemüse weich ist. Vom Herd nehmen und das Haselnussmus unterrühren. Die Suppe fein pürieren und erneut abschmecken.

In einer kleinen Pfanne die übrige Butter zerlassen. Die Salbeiblätter hineingeben und bei mittlerer Hitze kross anbraten. Vom Herd nehmen. Die Suppe auf Schüsseln oder tiefe Teller verteilen und mit der Salbeibutter beträufeln. Mit Haselnüssen und Salbeiblättern garniert servieren.

# Apfel-Zwiebel-Quiche
## mit Mohn

FÜR 1 QUICHE (Ø 28 CM)

**Für den Boden**
200 g Mehl + etwas für die Arbeitsfläche
100 g kalte Butter, gewürfelt
50 ml kaltes Wasser
1 Prise Salz

**Für den Belag**
2 EL Butter
500 g Zwiebeln, in Ringen
Salz
frisch gemahlener schwarzer Pfeffer
400 g Äpfel, entkernt und in feinen Spalten
100 g Gorgonzola, gewürfelt
2 EL Mohnsamen
2 Stängel Thymian, Blättchen fein gehackt
300 g Crème fraîche
3 Eier

**Außerdem**
300 g Hülsenfrüchte zum Blindbacken

Für den Boden alle Zutaten zügig mit den Fingerspitzen vermengen und zu einem glatten Teig verarbeiten. Auf der bemehlten Arbeitsfläche ausrollen und eine Tarteform damit auskleiden. 30 Min. kalt stellen.

Den Backofen auf 180 °C vorheizen. Den Teig mit Backpapier und Hülsenfrüchten belegen und 10 Min. blindbacken. Herausnehmen, Backpapier und Hülsenfrüchte entfernen.

Für den Belag die Butter in einer großen Pfanne zerlassen und die Zwiebeln darin etwa 20 Min. dünsten. Kräftig mit Salz und Pfeffer abschmecken. Mit Äpfeln, Käse, 1½ EL Mohn und Thymian mischen. Die Crème fraîche mit den Eiern verquirlen, die Hälfte davon mit der Apfel-Mischung vermengen und auf dem Tarteboden verteilen, den Rest darübergießen. Die Quiche mit dem übrigen Mohn bestreuen und auf der untersten Schiene in ca. 40 Min. fertig backen.

# Gefüllter Brotring
## mit Äpfeln und Pilzen

FÜR CA. 6 PORTIONEN

**Für den Teig**
½ Würfel frische Hefe
1 EL Honig
350 g Mehl + etwas mehr
2 EL Olivenöl
170 g Hartweizengrieß
1 EL Meersalz

**Für die Füllung**
3 EL Olivenöl
2 Schalotten, fein gehackt
1 Knoblauchzehe, fein gehackt
350 g braune Champignons, grob gewürfelt
1 großer Apfel, entkernt und gewürfelt
Salz
frisch gemahlener schwarzer Pfeffer
1 EL Zitronensaft
60 g Pecorino, gerieben
4 Stängel Thymian, Blättchen fein gehackt

Für den Teig die Hefe zerbröseln, mit 300 ml lauwarmem Wasser und Honig in einer Schüssel mischen. 2 EL Mehl einrühren und abgedeckt 15 Min. gehen lassen. Das Öl unterrühren. Übriges Mehl mit Hartweizengrieß und Salz mischen, nach und nach zugeben und so lange kneten, bis ein elastischer Teig entsteht. Weitere 45 Min. abgedeckt gehen lassen.

Für die Füllung 1 EL Öl in einem Topf erhitzen, Schalotten und Knoblauch darin andünsten. Champignons und Apfel zugeben und einige Min. unter Rühren braten. Mit Salz, Pfeffer und Zitronensaft abschmecken. Abkühlen lassen.

Den Teig kurz durchkneten, auf der bemehlten Arbeitsfläche zu einem Rechteck (ca. 30 x 40 cm) ausrollen, mit dem restlichen Olivenöl beträufeln. Die Füllung darauf verteilen, dabei 3 cm Rand lassen. Mit Pecorino und Thymian bestreuen. Von der Längsseite her aufrollen, zu einem Ring formen und auf ein mit Backpapier ausgelegtes Blech geben. Mit etwas Mehl bestäuben und erneut 30 Min. gehen lassen. Den Backofen auf 200 °C vorheizen und das Brot darin in 35 Min. goldbraun backen.

# Apfel-Risotto
## mit Gorgonzola

FÜR 4–6 PORTIONEN

80 g Butter
2 Schalotten, fein gehackt
2 Stangen Staudensellerie, fein gewürfelt
2 kleine Äpfel (z. B. Golden Delicious), entkernt und gewürfelt
400 g Risottoreis
200 ml trockener Weißwein
ca. 1 l heiße Gemüsebrühe
40 g Parmesan, gerieben
100 g Mascarpone
150 g pikanter Gorgonzola, gewürfelt
½ Bd. Thymian, Blättchen abgezupft
frisch geriebene Muskatnuss
Salz
frisch gemahlener schwarzer Pfeffer
50 g Walnusskerne, geröstet und grob gehackt
4 TL Walnussöl

Die Hälfte der Butter in einem Topf zerlassen. Schalotten, Sellerie und die Hälfte der Äpfel darin weich dünsten. Den Reis zugeben und unter Rühren glasig dünsten. Mit Wein ablöschen und unter Rühren köcheln lassen, bis die Flüssigkeit eingekocht ist. Anschließend kellenweise heiße Brühe zugeben und den Reis offen bei mittlerer Hitze bissfest garen. Dabei stetig rühren und die nächste Portion immer erst zugießen, wenn der Reis die Flüssigkeit aufgesogen hat.

Vom Herd nehmen und die übrige Butter, Parmesan, Mascarpone, Gorgonzola, dem übrigen Apfel und Thymian unterrühren. Mit Muskat, Salz und Pfeffer abschmecken und zugedeckt 1 Min. ruhen lassen. Das Risotto auf Teller verteilen, mit Walnüssen und Walnussöl garniert sofort servieren.

# Mangold-Lachs-Auflauf
## mit Äpfeln

FÜR 4 PORTIONEN

- 500 g säuerliche Äpfel (z.B. Elstar), entkernt und in ca. 1 cm dicken Ringen
- 3 EL Saft und Abrieb von 1 Bio-Zitrone
- 120 g Butter + etwas für die Form
- 1 EL Olivenöl
- 1 Schalotte, fein gewürfelt
- 1 Knoblauchzehe, fein gewürfelt
- 750 g Mangold, Stiele fein gehackt, Blätter grob gehackt
- 200 ml Milch
- 400 ml Sahne
- 130 g Walnusskerne, davon 60 g gemahlen und 70 g gehackt
- Salz
- frisch gemahlener schwarzer Pfeffer
- 600 g Lachsfilet, am Stück und ohne Haut
- 100 g Semmelbrösel
- 5 Stängel glatte Petersilie, fein gehackt

Den Backofen auf 180 °C vorheizen. Die Äpfel in einer Schüssel mit 2 EL Zitronensaft beträufeln.

In einem großen Topf 1 EL Butter und Öl erhitzen. Schalotte und Knoblauch darin glasig dünsten. Mangoldstiele zugeben und 5 Min. mitdünsten. Dann Mangoldblätter, Zitronenabrieb und 1 EL Zitronensaft unterrühren, 2 Min. mitgaren. Milch und Sahne zugießen und die gemahlenen Walnüsse unterrühren, bei niedriger Temperatur 10 Min. köcheln lassen. Mit Salz und Pfeffer abschmecken und vom Herd nehmen.

Den Lachs unter kaltem Wasser abspülen, trocken tupfen und in eine gefettete Auflaufform legen. Salzen, pfeffern und die Mangold-Sahne-Mischung darauf verteilen. Die Apfelringe dachziegelartig darüberschichten. Die Semmelbrösel mit der übrigen Butter, gehackten Walnüssen und Petersilie zu Bröseln vermengen und auf den Äpfeln verteilen. Im Ofen auf mittlerer Schiene in 30 Min. überbacken.

# Schweinefilet
## mit Apfel-Walnuss-Füllung

FÜR 4 PORTIONEN

- 1 Schalotte, fein gehackt
- 2 Knoblauchzehen, fein gehackt
- 50 g Pflaumen, entsteint und fein gehackt
- 50 g Walnüsse, grob gehackt
- 50 g frische Semmelbrösel aus Baguette vom Vortag
- 1 säuerlicher Apfel (z. B. Granny Smith oder Boskop), geraspelt
- 4 Stängel glatte Petersilie, fein gehackt
- 1 Stängel Salbei, Blättchen fein gehackt
- 2 Stängel Thymian, Blättchen fein gehackt
- Salz
- frisch gemahlener schwarzer Pfeffer
- 2 Schweinefilets à 400 g
- 75 ml Ahornsirup
- 2 EL Walnussöl
- 750 ml Cidre
- 250 g Crème double

Den Backofen auf 200 °C vorheizen. Schalotte, Knoblauch, Pflaumen, Nüsse, Semmelbrösel, Apfel und Kräuter vermengen, mit Salz und Pfeffer abschmecken. Die Schweinefilets zart klopfen, je eine Seite salzen und pfeffern. Die Füllung auf einem der Filets verteilen, das zweite mit der gewürzten Seite nach unten darauflegen. Vorsichtig mit Küchengarn umwickeln und in einen Bräter legen.

In einer Schüssel Ahornsirup, Walnussöl und 350 ml Cidre verrühren, das Fleisch damit übergießen. Im Ofen in ca. 1 Std. garen, bis das Filet an der Oberfläche karamellisiert ist. Nach Ende der Garzeit den Braten auf eine Platte legen, mit Alufolie abgedeckt ruhen lassen.

Den Bratensaft aufkochen, restlichen Cidre angießen und auf ⅓ reduzieren. Crème double einrühren und bei schwacher Hitze ca. 4 Min. köcheln lassen. Das Küchengarn entfernen und das Fleisch in 3 cm dicke Scheiben schneiden. Mit der Bratensoße servieren.

# Rinderrouladen

## mit Apfelspalten und Rotkohl

FÜR 4 PORTIONEN

**Für die Rouladen**

4 Scheiben Rindfleisch à 150 g
Salz
frisch gemahlener schwarzer Pfeffer
Paprikapulver, edelsüß
2 EL Senf
4 Scheiben geräucherter Schinkenspeck
5 Äpfel (ca. 800 g), davon 4 geschält, entkernt und in Spalten, 1 entkernt und grob gewürfelt
2 Zwiebeln, 1 in dünnen Ringen und 1 fein gewürfelt
ca. 3 EL Mehl
30 g Butterschmalz
ca. 500 ml heiße Rindfleischbrühe
15 g Butter

**Für den Rotkohl**

1 Rotkohl, halbiert, Strunk entfernt und in schmalen Streifen
6 EL Apfelessig + etwas mehr
3 EL Zitronensaft
2 EL brauner Zucker
1 Stück Ingwer (2 cm), gerieben
2 TL Salz
2 Kochäpfel (z. B. Boskop), geschält, entkernt und grob gewürfelt
1–2 EL Sonnenblumenöl
1 Zwiebel, in Ringen
5 Backpflaumen, grob gehackt
½ TL gemahlener Piment
¼ TL gemahlener Zimt
¼ TL gemahlener Kardamom
frisch gemahlener schwarzer Pfeffer
1 EL Butter

Für die Rouladen das Fleisch zart klopfen und von beiden Seiten mit Salz, Pfeffer und Paprika würzen. Jede Scheibe mit 1 TL Senf bestreichen und mit Speck, Apfelspalten und Zwiebelringen belegen. Dabei an den Längsseiten einen schmalen Rand lassen. Die Rouladen von der schmalen Seite her aufrollen und mit Küchengarn umwickeln. Mit ca. 1½ EL Mehl bestäuben.

Das Fett in einem Bräter zerlassen und die Rouladen darin bei hoher Temperatur kräftig rundum anbraten. Die Zwiebel- und Apfelwürfel zugeben und kurz mit anbraten. Mit so viel heißer Brühe ablöschen, dass die Rouladen zur Hälfte bedeckt sind. Die Temperatur reduzieren und das Fleisch zugedeckt ca. 1½ Std. leise schmoren lassen. Ab und zu wenden, evtl. etwas Wasser nachgießen.

Den Rotkohl in eine große Schüssel geben. Essig, Zitronensaft, Zucker, Ingwer und Salz zugeben und alles gründlich durchkneten. Den Apfel untermengen, abdecken und 30 Min. ziehen lassen.

In einem Topf das Öl erhitzen und die Zwiebel darin andünsten. Backpflaumen zugeben und leicht karamellisieren lassen. Gewürze zufügen und anrösten. Die Rotkohl-Apfel-Mischung unterrühren und 125 ml Wasser zugießen. Zugedeckt bei niedriger Temperatur in 45 – 60 Min. garen, dabei gelegentlich umrühren. Mit Salz, Pfeffer und Essig abschmecken. Vor dem Servieren die Butter unterziehen.

Die fertigen Rinderrouladen auf eine Platte legen, abdecken und warm halten. Den Bratensatz durch ein Sieb gießen und auffangen. In einem kleinen Topf die Butter zerlassen, sobald sie nicht mehr schäumt, das restliche Mehl einrühren. Bei niedriger Temperatur und unter Rühren das Mehl leicht bräunen. In kleinen Mengen die warme Bratenflüssigkeit zugießen, bis die Soße sämig ist. Mit Salz und Pfeffer abschmecken.

Die Rouladen mit der Soße und dem Apfel-Rotkohl servieren.

# Apfelbrot

FÜR 1 BROT

750 g Äpfel, entkernt und gewürfelt
200 g Vollrohrzucker
1 EL gemahlener Zimt
500 g Dinkelmehl
1 Pck. Weinsteinbackpulver
2 EL gemahlene Mandeln
1 EL Lebkuchengewürz
1 EL Kakaopulver
1 Prise Salz
1–2 EL Rum (alternativ Milch)
200 g Rosinen

In einer großen Schüssel Äpfel, Zucker und Zimt vermengen und einige Std., besser aber über Nacht ziehen lassen.

Den Backofen auf 200 °C vorheizen.

Das Mehl gründlich mit Backpulver, Mandeln, Lebkuchengewürz, Kakao und Salz mischen. Die Äpfel mit dem Rum und den Rosinen zur Mehlmischung geben. Alles gründlich verrühren und in eine mit Backpapier ausgekleidete Kastenform (26 cm) füllen. In ca. 1 Std. im Ofen goldbraun backen. Eventuell nach der Hälfte der Zeit mit Backpapier abdecken.

# Französische Apfeltarte

FÜR 1 TARTE (Ø 28 CM)

**Für den Boden**
200 g Mehl
1 Prise Salz
100 g kalte Butter, gewürfelt,
+ etwas mehr für die Form
1 Eigelb
3 EL kaltes Wasser

**Für den Belag**
5 Äpfel, geschält, geviertelt und entkernt
3 EL Zucker
50 g Butter
5 EL Aprikosenmarmelade
2 EL Apfelsaft

Alle Zutaten für den Boden in eine Schüssel geben und mit kühlen Händen zügig zu einem glatten Teig verarbeiten. Ausrollen und eine gebutterte Tarteform damit auskleiden. Mit einer Gabel mehrmals einstechen und für 30 Min. in den Kühlschrank stellen.

Den Backofen auf 170 °C (Umluft) vorheizen. Die Äpfel in Scheiben schneiden und fächerartig auf dem Boden verteilen. Mit Zucker bestreuen und die Butter in Flöckchen daraufgeben. Im Ofen in ca. 1 Std. goldbraun backen. Für die Glasur Marmelade und Saft in einem kleinen Topf verrühren, bei niedriger Temperatur kurz erhitzen und die Tarte damit bestreichen.

## TIPP

Jedes Stück Tarte mit
1 Kugel Vanilleeis servieren.

# Apfelweinkuchen

FÜR 1 KUCHEN (Ø 26 CM)

**Für den Teig**
250 g Dinkelmehl + etwas mehr
125 g Rohrohrzucker
1 TL Weinsteinbackpulver
1 Prise Salz
125 g kalte Butter, gewürfelt, + etwas für die Form
1 Ei

**Für den Belag**
1½ kg Äpfel, geschält, entkernt und fein gewürfelt
2 Pck. Vanillepuddingpulver
750 ml Apfelwein
250 g Rohrohrzucker
200 ml Sahne

Den Backofen auf 180 °C vorheizen.

Für den Teig Mehl, Zucker, Backpulver und Salz in einer Schüssel vermischen. Butter und Ei zugeben und alles zu einem glatten Teig verarbeiten. Auf einer leicht bemehlten Arbeitsfläche dünn ausrollen und eine gefettete Springform damit auskleiden, dabei einen Rand hochziehen. Kühl stellen.

Für den Belag die Äpfel in eine große Schüssel geben. Das Vanillepuddingpulver mit etwas Apfelwein glatt rühren. Den Rest des Weins in einen Topf geben, mit dem Zucker verrühren und aufkochen. Das Puddingpulver einrühren, 2 Min. weiter köcheln lassen, dann vom Herd nehmen und die Äpfel untermischen. Alles auf dem Teigboden verteilen. Den Kuchen in ca. 1½ Std. im Ofen goldbraun backen. Nach 1 Std. evtl. mit Backpapier abdecken, damit er nicht zu dunkel wird. Aus dem Ofen nehmen und unbedingt über Nacht in der Form auskühlen lassen. Am nächsten Tag die Sahne steif schlagen und auf dem Kuchen verteilen.

# Apfel-Rhabarber-Crumble

FÜR CA. 4 PORTIONEN

300 g Rhabarber, in 2 cm langen Stücken
500 g Äpfel (z.B. Boskop, Cox Orange, Elstar), geschält, entkernt und gewürfelt
2 EL Vollrohrzucker
½ TL gemahlener Ingwer
1 Vanilleschote

**Für die Streusel**
100 g Butter, gewürfelt
1 Prise Salz
Abrieb von 1 Bio-Orange
100 g gemahlene Mandeln
100 g Haferflocken
½ TL gemahlener Zimt
70 g Kokosblütenzucker (oder Vollrohrzucker)
1 EL Ahornsirup
1 EL Mohnsamen

Rhabarber, Äpfel, Zucker und Ingwer in einen Topf geben. Die Vanilleschote längs halbieren, das Mark auskratzen und beides ebenfalls zugeben. Kurz aufkochen und bei geringer Hitze ca. 5 Min. köcheln lassen. Vom Herd nehmen und 10 Min. ziehen lassen, dann die Vanilleschote entfernen.

Den Backofen auf 200 °C vorheizen.

Für die Streusel alle Zutaten mit den Fingern verkneten. Die Obstmischung in eine Auflaufform geben, die Streusel darüber verteilen und im Ofen in ca. 30 Min. goldbraun backen. Am besten noch lauwarm servieren.

## TIPPS

Dazu schmeckt mit Ahornsirup beträufelter cremiger Joghurt oder mit Zimt verfeinerte Sahne. Der Rhabarber kann je nach Saison durch Birnen, Aprikosen, Brombeeren oder Pflaumen ersetzt werden.

# Bratäpfel im Mäntelchen

## mit Vanillesoße

FÜR 4 PORTIONEN

4 Äpfel (z. B. Cox Orange oder Boskop), entkernt

**Für den Teigmantel**

250 g Mehl + etwas zum Ausrollen
1 TL Weinsteinbackpulver
80 g Rohrohrzucker
1 Pck. Bourbon-Vanillezucker
2 Eier
125 g kalte Butter, gewürfelt, + etwas für die Form
1 Eigelb, verquirlt, zum Bestreichen

**Für die Füllung**

70 g Spekulatius, zerbröselt
30 g Honig-Marzipan, fein gewürfelt
1 TL frisch gepresster Zitronensaft
25 g gehackte Mandeln
¼ TL Zimt
1 EL Butter

**Für die Soße**

1 Vanilleschote
250 ml Milch
200 ml Sahne
1 EL Speisestärke
2 Eigelb
60 g Rohrohrzucker

Für den Teigmantel Mehl und Backpulver in einer Schüssel mischen. In der Mitte eine Mulde formen, Zucker, Vanillezucker, Eier und Butter hineingeben. Mit den Knethaken des Handrührgeräts zügig zu einem glatten Teig verarbeiten. In Frischhaltefolie wickeln und 30 Min. kalt stellen.

Den Backofen auf 180 °C vorheizen. Für die Füllung Spekulatius, Marzipan, Zitronensaft, Mandeln, Zimt und Butter in einer Schüssel vermengen. Die Äpfel damit füllen.

Den Teig auf einer bemehlten Arbeitsfläche dünn ausrollen und in 4 Teile schneiden. Jeden Apfel mit Teig umhüllen. Teigreste zu Blättchen formen und die Äpfel damit verzieren. Mit Eigelb bepinseln. Die Äpfel in eine gebutterte Auflaufform setzen und in ca. 40 Min. goldgelb backen.

Für die Soße die Vanilleschote längs halbieren, das Mark auskratzen und beides zusammen mit 200 ml Milch und Sahne in einen Topf geben, unter Rühren aufkochen. Bei geringer Hitze 5 Min. köcheln lassen. Die restliche Milch mit Speisestärke, Eigelben und Zucker glatt rühren. Unter Rühren zur Vanillemilch gießen und bei geringer Hitze eindicken lassen. Vom Herd nehmen und abkühlen lassen. Die Vanilleschote erst kurz vor dem Servieren entfernen.

Die gebackenen Äpfel noch heiß auf tiefe Teller verteilen und mit der Vanillesoße umgießen.

## TIPP

Die Vanillesoße wird noch aromatischer, wenn sie Zeit hat, durchzuziehen. Sie kann bis zu 2 Tage im Voraus zubereitet und abgedeckt im Kühlschrank aufbewahrt werden.

# Winterliches
# Apfel-Gewürz-Eis

FÜR 6–8 PORTIONEN

50 g gehackte Mandeln
1 EL Kokosöl
1 Vanilleschote
700 g Äpfel, entkernt und fein gewürfelt
25 g Rosinen
1 EL gemahlener Zimt
1 TL gemahlener Ingwer
2 Sternanise
½ TL gemahlener Kardamom
1 Prise frisch geriebene Muskatnuss
¼ TL Salz
3 EL Apfelsaft
60 ml Ahornsirup + etwas mehr zum Servieren
40 g Honig
800 ml Kokosmilch

Die Mandeln ohne Fett in einer Pfanne unter gelegentlichem Rühren goldbraun rösten, anschließend abkühlen lassen.

In einem großen Topf das Kokosöl bei mittlerer Hitze zerlassen. Die Vanilleschote längs halbieren, das Mark auskratzen und beides zugeben. Äpfel, Rosinen, die übrigen Gewürze und den Apfelsaft ebenfalls zugeben und das Obst in ca. 10 Min. weich kochen. Ahornsirup und Honig untermengen und kurz weiterköcheln lassen, dann vom Herd nehmen. Die Kokosmilch und die Hälfte der Mandeln unterrühren. Alles auf Zimmertemperatur abkühlen lassen.

Sternanise und Vanilleschote entfernen und die Apfelmischung glatt pürieren. Entweder in der Eismaschine gefrieren lassen oder in eine große Auflaufform füllen und in das Tiefkühlfach stellen. Die Masse nach 45 Min. zum ersten Mal und danach alle 30 Min. gründlich durchmischen, damit das Eis schön cremig wird. Nach 3 – 4 Std. ist es fertig.

Vor dem Servieren 15 – 20 Min. antauen lassen, mit gerösteten Mandeln und etwas Ahornsirup garnieren.

# Apfel-Tee-Punsch

FÜR 4 PORTIONEN

1 Vanilleschote
800 ml Apfelsaft
200 ml frisch gebrühter Schwarzer Tee
1 Zimtstange
3 Sternanise
4 Nelken
1 TL Glühweingewürz
50 g Mandelstifte
2 EL Honig

**Außerdem**
4 Zimtstangen
1 Apfel, in Spalten

Die Vanilleschote längs halbieren, das Mark auskratzen. Beides mit allen übrigen Zutaten in einem Topf gründlich verrühren, erhitzen und abgedeckt bei niedriger Temperatur 10 Min. ziehen lassen. Vanilleschote, Zimtstange, Sternanise und Nelken entfernen. Den Punsch auf 4 hitzebeständige Gläser verteilen und mit jeweils 1 Zimtstange und einigen Apfelspalten garnieren. Heiß servieren.

## TIPP

Wenn es ein Punsch mit Schuss sein soll, je 1 cl Calvados in die Gläser geben und mit heißem Punsch auffüllen. Nach Belieben kann zusätzlich ein Häubchen aus geschlagener Sahne daraufgesetzt werden.

# Bratapfel-Likör

FÜR CA. 800 ML

4 Äpfel (z. B. Cox Orange), entkernt
50 g Mandelblättchen
250 g weißer Kandis
1 Vanilleschote
2 Streifen Bio-Zitronenschale
2 Streifen Bio-Orangenschale
1 Gewürznelke
2 Zimtstangen
2 Sternanise
700 ml Korn

Den Backofen auf 180 °C vorheizen. Die Äpfel auf ein mit Backpapier ausgelegtes Backblech setzen und im Ofen 5 Min. backen. Die Mandelblättchen zugeben und in 5 – 10 Min. rösten. Die Äpfel sollten weich sein, aber noch die Form behalten. Alles aus dem Backofen nehmen und abkühlen lassen.

Den Kandis in ein sehr großes, sterilisiertes Schraubglas füllen. Die Vanilleschote längs halbieren, das Mark auskratzen und beides zugeben. Die Bratäpfel zusammen mit allen übrigen Zutaten darauf verteilen und mit Korn übergießen. Das Glas fest verschließen und 4 Wochen ziehen lassen. Dabei gelegentlich schütteln.

Wenn sich der Kandis aufgelöst hat, den Likör durch ein grobes Sieb abseihen, Äpfel, Mandeln und Gewürze entfernen. Den Likör in eine sterilisierte Flasche füllen. Dafür einen mit Musselin oder einem Kaffeefilter ausgelegten Trichter oder ein kleines Sieb verwenden, um den Likör zu filtern. Der Likör hält sich gut verschlossen bis zu 1 Jahr.

# Heißer Apfelwein

FÜR 4 PORTIONEN

2 EL Butter
3 TL Vollrohrzucker
800 ml Apfelwein
4 Streifen Bio-Orangenschale
6 Gewürznelken
1 Sternanis
4 Zimtstangen
4 cl brauner Rum

In einem Topf bei mittlerer Hitze die Butter zerlassen und den Zucker einrühren. Den Apfelwein langsam zugießen, Orangenschale, Nelken, Sternanis und Zimtstangen zugeben und behutsam erhitzen (nicht kochen). Abgedeckt 5 Min. ziehen lassen. Dann den Rum zugeben.

Alles durch ein Sieb filtern, die Zimtstangen beiseitelegen, die restlichen Gewürze entfernen. Den Apfelwein auf 4 hitzebeständige Gläser verteilen. Mit jeweils 1 Zimtstange garnieren und sofort servieren.

# Rezeptübersicht

## Für den kleinen Hunger



## Für den großen Hunger



## Süßes und Gebäck



## Getränke